LOS HIJOS DE EVA

Déspina Kaitatzí-Juliumi

LOS HIJOS
DE EVA

Selección y traducción
José Antonio Moreno Jurado

EL ÁRBOL DE LA LUZ
53
ΤΟ ΦΩΤΟΔΕΝΤΡΟ

Padilla Libros Editores y Libreros
Sevilla 2024

C O L E C C I Ó N
P O É T I C A
D E A U T O R E S G R I E G O S
C O N T E M P O R Á N E O S
E L Á R B O L D E L A L U Z
T O   Φ Ω Τ Ο Δ Ε Ν Τ Ρ Ο
N.º 53

Título original: *Τα παιδιά της Εύας*

© de los poemas: Déspina Kaitatzí-Juliumi
© de la traducción: José Antonio Moreno Jurado
© de la presente edición: Padilla Libros

ISBN: 978-84-8434-828-3

D. Legal: SE 82-2024

1.ª impresión, enero de 2024

Padilla Libros Editores y Libreros
C/ Trajano n.º 18
41002 Sevilla (España)
editorial@padillalibros.com

EL CAMINO
(2006)

EL CAMINO

El camino se extiende por delante
Debo recorrerlo rápidamente
Hacer lo que esperan de mí
Responsable justa correctamente
Pero pienso otra vez...
Quizás cuando lo recorra
Y sólo al final me encontraré
Amargamente con duda
Diré ¿entonces esto era todo?

No

Muchos caminos con mil señales
Llaman a mi paso
En el estrechamiento de uno, aparece otro
    inesperadamente
Resbaladizos acechan para abatirme
E intransitables, me descubren cimas
A algunos los siento cerrados herméticamente
Y otras veces paso uno y se abren otros nuevos

Quiero sentir cada paso
Cada torcimiento, cada vuelta atrás
Cada sangrado, cada vuelo
Mis sacudidas mis gorjeos

Ante la marcha final
Deseo cerrando los ojos
Detenerme ligera, tranquilamente
Que estos compañeros y colegas de marcha
Me preparen para el siguiente recorrido

EL AUTOBÚS

El viejo autobús corre
Y yo me mezo
En los incómodos asientos
Una vez a la derecha
Otra vez a la izquierda
Me lanzo de pronto hacia arriba
Y de pronto me hundo hacía abajo
Y de nuevo lanzamiento hacia arriba
Afortunadamente

El autobús de mi vida
Ante la vana búsqueda
De un recorrido recto

ESTRELLAS FUGACES

Como estrellas fugaces existimos
Estrellas fugaces
Un resplandor de relámpago nuestro paso
La vida es lluvia primaveral
Y qué si sonamos con zumbidos
Sólo el sonido volvía a nosotros
Y qué si nos ponemos bastantes cosméticos
Y colores fantásticos
Mirada no se sentó en nuestros ojos
Nos acercamos al baile por un instante
Sin que nuestra presencia sea percibida
Ni siquiera el tiempo que tocamos
Estrellas fugaces... estrellas fugaces...

COMO SI VISTIESE TU MIRADA

Como si vistiese tu mirada
Atravesaré resplandeciente los caminos
Anchos caminos
Adornados de flores
Tendré derecha mi estatura
Y en la cabeza tu resplandor como corona de
    luz
Yo viento intranquilo
En armonía con el mundo exterior
Yo, gota de lluvia
Valioso trozo del universo.

COMPAÑEROS

Buen compañero mío, ¿recuerdas
Con qué pasión nos abrazamos?
Como niños sedientos
Y la fuente del amor
Oculta profundamente
Verdad
¿Eras tú de quien me enamoré?
¿Era yo con quien soñaste?
Gólgota el amor
En las palmas de las manos los tipos
    de los clavos
Hablan de resurrección
En la cuesta de la vida juntos
Caminamos al lado
Y sin embargo solos
Estamos juntos
Y sin embargo no

¿Te amo, compañero?

ENAJENACIÓN

Todo alrededor cuidado
El ambiente festivo
El escenario irreprochable
Las paradas los movimientos como se debe
Los rostros con diestro descanso y cordialidad
Las relaciones convencionales
El contacto epidérmico
Y este aroma de noche de verano
Locamente hermoso locamente verdadero
Descubre nuestra propia enajenación.

ME CANSÉ

Me cansé del se debe y se entiende
De perder mi tiempo convencionalmente
Enredado en las redes de lo útil
Así y de otra forma siempre salgo
Perdida en este arte
No quiero terminar el viaje
En la carencia en el mal humo
Quiero sentir emoción emoción.

SIN PAÑUELO

Cómo resistir el tornado del tumulto
Los insípidos graznidos cosméticos
Puertas sin habitaciones bostezo alrededor
Y en el corazón patios baldíos
Con capas de césped de plástico
Insoportablemente silenciosas
Sacrificamos el gallo de plumas doradas
En casas sin cimientos
¿Recuerdas?
La arrogante mañana nos traía
A dónde detenernos ahora ¿verdad?
¿Cómo no perderemos el olfato
Sin el aroma de la rama de Pascua?
¿Es oportuno cómo dividir los días de los
        muertos?
¿Cómo desearemos buen viaje
A los jóvenes sin pañuelos?
El pañuelo blanquísimo de la abuela
Hace tiempo que lo hicimos jirones
Y este pañuelo de papel sin peso sin ondear
Desgraciadamente de un solo uso.

CALMA

Si pudiera encontrar calma
Más allá de lo debido
Más allá de los quiero
Sencillamente existiendo
En armonía con el mundo
De tierra adentro y de alrededor
Del aquí y del más allá
El ahora y el siempre.

FUENTE DE VIDA

La cría del Sol y el nacimiento de la tierra,
El firmamento del cielo, la profundidad del
	abismo
Alturas invisibles y magnitudes sin medida
Lo impenetrable del alma, lo no transitado de
	las montañas
El llenado del puño, el asiento de la mirada
El llanto del recién nacido y el abrazo de la
	madre
La consolidación de la planta del pie, el roce
	de la punta de los dedos
Los féretros de los sueños y la pisada de los
	miedos
El abrazo de la esperanza y el injerto de la raíz

Fuente de vida y rayo de luz brillante
Tu misterio me cubrió
Tendiste nebulosa y con ella me mantienes
En apreciable envoltura

Cisterna de emoción, protección de los
	arcángeles

La palabra del silencio y el caballo de la
    palabra
Púrpura de mi corazón y azul aleteo
Dorada explosión amarilla y calma del azul
Velita de la barca, frescor del aire
Golondrina de Pascua y sacudida de la
    primavera
Misterios del amor, aroma del jazmín
El llanto de la alegría y sonrisa de la pena
Lo inexplicable de la vida, sellado de la
    muerte

Fuente de vida y progenitora de alto fondo
Tu misterio me cubrió
Tendiste nebulosa y con ella me mantienes
En apreciable envoltura
Y me ocultas lo interior, lo siempre existente
Lo sencillo y sin embargo incomprensible, los
    enigmas irresolubles

El anzuelo de la vida y al mismo tiempo el
    ancla
Lo inmaterial de la materia y la eterna vuelta
    del círculo.

ALFABETO SENTIMENTAL
(2009)

VOCALES Y CONSONANTES

Vocales y consonantes atadas
Nos ayudan a ser libres
A juntar voces
A construir puentes
A abrir caminos

Arroyos cristalinos
Aguas corrientes
Incesantes, tristes
Ríos enfurecidos

Besémonos
Gritemos
Seamos nosotros mismos
Volvamos a juntarnos
A sentir nosotros
Que somos uno.

RISA

La Risa una mañana en que estaba sentada
    pensativa
Se encontró con la Tristeza, el Miedo, la Ira
Se desgarró su corazón, sintió pánico
¡Cielos, qué triste! gritó
Algo debo hacer, cooperaré
Regaló a la Tristeza colores luminosos
Abrazó al Miedo con cuidado, tiernamente
Y escuchó a la Ira muy atentamente
—¡Amada alegría mía, suplicó,
Abrázalos! ¡Tenlos a tu lado!
Y comenzó las risas y las carcajadas
La Tristeza cogió ánimos y sonrió tímidamente
Y el Miedo y la Ira rieron fuertemente
De pronto, todo pareció pequeño y cómico
La Risa, dichosa, se carcajeaba locamente
—¡Reid, reid, muchachos!
La risa hace bien y es contagiosa
Todos rieron entonces, jóvenes, viejos, niños
Y de tanta risa se sacudió el barrio
Las nubes se esparcieron, cantaron las aves.

LA ESE INTERESANTE

Hijo pequeño del universo
Pero tan interesante y perfecto
Porque todos uno
Hechos de polvo de estrellas

UNIVERSO

¡Universo! Pero ¿qué es esto?
Infinito e inconcebible
Galaxias y planetas
Soles, estrellas, cometas
Y la Tierra sobre la que ando
Grano de arena en ella
Entonces ¿qué soy?
¡Me extasío!
¡Guardo silencio!
¡Callo!
    ¡Qué grandeza!
        ¡Me prosterno!
            ¡Y me admiro y vacilo!

CORREDORES
(2015)

CORREDORES

I

Como si fuese ayer
árboles de muchos zumos, flexibles
llenos de pasión
florecían ramas
tendían raíces
calmando la sed en brazos de los arroyos
y el ímpetu de los torrentes
para descansar placenteramente

Como si fuese ayer
años inmaduros
vellos tiernos
intranquilos
llenos de llama
recolectaban la miel de las flores
gustaban la sal en las profundidades de los
    océanos

Hoy anchos mares
tan pronto

mañana ya
barcos desembarcados
desnudos, ligeros, pesados
no saben de risa dulce amarga
girando hacia otra tierra.

II

Caminamos torpemente días y días
con intuición sin brújula
teníamos como brújula el cuerpo vuelto al
    Oriente
pero nos perdimos en la luz del día
Dijeron que reencontraríamos al amor
que vendría a nuestro encuentro
No sabíamos que combatía con sombras
y con la bruma de nuestras almas
Gritábamos para escuchar que existíamos
y no pudimos limpiar la música del silencio
Presentamos batalla a luchas interminables
vencedores y vencidos, flora de destrucción
Ahora el vacío se extiende al extremo de la
    planta del pie
y al lado el silencio piensa en nuestra duda

Puede que fuéramos hermosos luchadores
pero perdimos en la travesía

Puede que el crepúsculo brillara en los ojos
Puede que la luz de la Luna iluminara nuestros
    oscuros pliegues

VII

El mar, el horizonte, el arcoíris y la primera
    gota
El tiempo, el ahora, el antes, el después, el
    nunca y el siempre
La vacilación que se borra en los labios
El aleteo erótico, el nacimiento y la muerte
El principio y el fin y otra vez el principio y
    otra vez el fin
Todo es una corona atada fuertemente en la
    órbita del universo
El llanto mudo, la sonrisa y el éxtasis
La alegría, el dolor, el esfuerzo y el descanso
Los sentidos y el concepto, la palabra y la
    conciencia

La vivencia y la existencia, la búsqueda que no
    tiene final
El camino, el ancho que abre otros caminos
El tiempo, el ahora, el antes, el después, el
    nunca y el siempre
El nacimiento y la muerte

El principio y el fin y otra vez el principio y
    otra vez el fin
El todo y su parte indivisible
El hombre, la tierra y el universo

NO PREGUNTES

No preguntes, me dijo, no preguntes
intenta ver, atender
Atiende a la naturaleza
matriz desgarradora que se alza
Atiende al río
el agua corre y se pierde
Sumérgete, sumérgete hondamente para
    refrescarte
siente cada gota en el cuerpo
Mira hondamente a los ojos
deja que me pierda en tu mirada
Siente la soledad de la anémona
siente la tristeza de este perro sin techo
No preguntes, me dijo, no preguntes
Las preguntas demolen la poesía
No preguntes

VINE DEL RÍO

Vine del río
se hinchó
dirías, dispuesto a desbordarse
y el agua, turbia

VINE OTRA VEZ DEL RÍO

Vine otra vez del río
agitado también
corre oscuro con un estertor algo sordo
El cielo nublado
Algunos halcones aquí y allá
individualmente cada uno en su árbol
Observo a los gorriones
vuelan incesantemente en multitud
forman banderas ondeando esperanzas
En el nublado es incluso más necesario el
    vuelo
más desgarrador
A donde irá
saldrá también el Sol algún momento

LA FOTOGRAFÍA

En la calma resplandeciente del verde
nuevas palmas de Pascua lavadas de luz
sensuales
intentan ocultar quizás
la llama que las quema
tras inocentes sonrisas completamente blancas
Creo que fue hace siglos
pero no estoy segura otra vez
puede que fuera ayer
quizás fuera ayer
como a... como...
sí, sí, fue ayer, ayer
Parece como mi sueño en verdad
como sueño que brilló y pasó
y me dejó aquí recordando

PERDÍ

Dices también que perdí una gruesa rama
vigorosa relativamente pero antigua
Mil trinos de alegría en las ramitas
y bramidos y almendros en flor
Algunas veces en las frondosidades junto a la
    lluvia tranquila
se habían registrado huellas de triste humedad
Pero era dura su madera y resistente
único trozo mío con perfume embriagador

Desmembrada ahora camino
entre las matas y los musgos
entre las piedras que yacen en silencio
sosteniendo secretos guardados profundamente
Atiendo al río que corre despreocupado
piso hojas caídas que se pudren sin ruido

AHORA QUE ROMPIMOS LOS ESPEJOS

Ahora que rompimos los espejos
y como rúbrica borramos nuestros ídolos
esperamos como fósiles desnudos
La lágrima y la sonrisa se petrificaron
Piedra es nuestra palabra y nuestro dolor
piedra el sueño y piedra la esperanza
piedra levantamos en nuestro pecho
Ahora con ella nos acostamos y los sueños
    están vacíos
Sísifos que se fatigaron inclinados en la raíz de
    la roca
Ahora con ella caminamos suspendidos en el
    aire
en la calma sin piedad de la soledad

VINO INESPERADAMENTE

Vino inesperadamente sin señal, sin ningún
    preaviso
sentada tras la mampara de la tristeza
La luz difusa de blancor glacial
y el cálido resplandor, ave perdida
En el rostro brillaban espadas de cristal
Cómo estás, pregunté tímidamente
No estoy, ahora ya no estoy cómo podría acaso
dijo como si se humedeciese insensiblemente
el extremo de la difusa espada
Inmediatamente el negro que lo rodeaba se
    extendió en el espacio
y violentamente se entronizó sobre mi pecho
Y sin embargo había oído que los antiguos
    decían
«Recuerda a este impío siete veces al día»

CONSUELO

Aquí terminan las canciones de amor
los encantadores estornudos de la pasión
El campo, ancho mar
se extiende tranquilo provocativamente
y las montañas ociosas miran el horizonte
ocultando en el pecho los secretos del árbol de
    mil años
Rebaño de corderos apretados son los sueños
se hunden en el estanque sin saciarse de agua
En el puño incisiones de aleteos
No me olvides florecen No me olvides
Aquí el cortejo sigue jadeando
y uno al lado del otro se estrechan para
    mantenerse
no vaya a hundirse la tierra por pisadas
    cambiantes
Aquí el «vamos, el último abrazo»
consuelo del «dichoso el camino»

DISMINUYEN LAS PALABRAS
(2017)

CONCHAS

Si te enamoraste de riachuelo
torrente
Si floreciste en espinas
nudo corredizo
Si te hundiste en la calma del lago
tristeza
Si pisaste en diques
emigración
Si te vertiste en mar
partida

Conchas destierran
miradas de luz
en corrientes submarinas

ÁRBOLES DESENRAIZADOS

Árboles desenraizados, nuestros lugares
Los padres, refugiados
emigrantes internos después
tendieron en ellos raíces cortadas
Árboles desenraizados dos veces, también
    nosotros
que echen raíces patrias en nuestro lastre
Y ahora la fila de nuestros hijos
árboles desenraizados caminando
Árboles desenraizados nuestros lugares

MAÑANA

Mañana avanzará otro día
Cantará un poco con pasión
nos arrastrará a la quimera
Multitud de Janos nos inundarán después
nos cerrarán el ojo nos reirán sarcásticamente
Mañana otro día victorioso
Con su hoz rota
cosechará vientos de esperanzas
que depositamos en la palma de su mano
Traerá nuevos apostados y agitadores
Y nuestros hijos, huidos del tiempo

PALABRAS DESCONOCIDAS

Hijo de Árnisa muchacha guerrillera
Párvulo perdido en casa de pupilos de Praga
Maestra en el pueblo Beloyanis
Refugiado efebo en Italia
Emigrante ilegal en el campamento en Italia
Apátrida sin ciudadanía en Malmö
Ciudadano del mundo ya en Estocolmo
Vida siete veces fragmentada
roturas de espejo deslumbrante
Siete mascarillas hechas añicos
Con tantos trozos
Oscuras gafas clavos
dónde luz dónde coraje
para atar la trenza con un rayo de sol
Espejos reflejos
resplandores iluminaciones
hipótesis perdida
palabras desconocidas

ME CONVERTÍ EN
UN BOLSO CASA PATRIA

Me convertí en un bolso casa patria y avanzo
Soy mi casa simple y sin exceso
simétrica y sólida lucho por ser
aunque mis balcones son pequeños
aunque tengo los cimientos por dentro
Me vuelvo a construir me reinstalo
patria mía y lugar mío yo
y busco rincones donde crezcan árboles
rincones con cielo azul
para que tranquilos me abracen
Un bolso casa soy
Y mis asas mantengo apretadamente en el
        corazón
Rebanadas pizarras discontinuidades
llamas ceñidas violentamente explotaron
y cortaron
Muchos son los esquejes
amenazan completamente con aplastarme
Me convertí en un bolso casa patria y avanzo

PERO ERAN DE LOS AFORTUNADOS

Amanecer en la línea de autobuses KTEL
montón de hombres jóvenes esperaban
Rostros de color oscuro
miradas intranquilas cuerpos arrastrados
aceitunas demasiado maduras antes de tiempo
A unos los movía la agonía atrás y adelante
otros tenían sentado el estar en cuclillas
Uno al lado del otro planes estropeados
se ponían de rodillas junto a la pared
descansando en cualquier brazo
Allí en la línea de Idomeni los vi
sagrada escultura en abrazo de ensueño
Una hermosa mujer a hombros del joven
        esposo
ladeaba la cabeza en la cavidad de su cuello
Él la abrazaba con una mano
con su cabeza tocaba la de ella
y tendía la otra mano como colchón para el
        niño
Camino difícil hasta llegar hasta aquí
incluso más difícil lo imaginaban hacia
        adelante
Pero eran de los afortunados

DISMINUYEN LAS PALABRAS

Disminuyen las palabras
Entorpecidas
se disuelven en la boca
píldora amarga
Como nudo al cuello
me ahogan
Las palabras, razones terminadas
Ininteligibles
murmullos y gritos
en cuclillas y sentadas
se mueven aquí y allá
Se lamentan
Lamento que no se vuelve palabras
terror al que no alcanzan las palabras

REFUGIADOS

Podaron nuestras alas
nuestros brotes los desarraigaron
repetidas veces
horriblemente

Caminamos
sostenemos sólidamente el hilo interior
amenaza un nuevo desarraigo

Y con las raíces cortadas
nos pararemos de pie
y con ramas rotas
floreceremos
Porque llevamos sobre nosotros lo que
    tenemos
Las raíces germinaron dentro
nos mantienen firmemente en suelo de
    esperanza
Las hojas crecieron en el recoveco del corazón
las flores florecieron en los ojos
La semilla maduró en la lágrima y la sonrisa

Nuestra semilla inundará el universo
y engendrará mil cuerpos celestes

PERSÉFONE – MARGINAL MAN

Puente roto y en medio en el aire yo lejos de los murmullos de los no me olvides lejos nube en persistente huida indecente y aquí y allá abajo desenraizada emigrado estoy en el aire incesantemente Una emigrante errante desterrada refugiada azarosa forma del margen Cuál dónde qué cómo marginal man yo Muchacha de madre novia de hombre telúrico Mujer madura no sentí jamás en mi matriz no alimenté fruto En la sacudida de destierros dolorosos ruinas de nidos de golondrinas se amontonaron en el pecho lava vertida en la piel y entra profundamente Dócil mozo de cordel yo de órdenes y deseos de fuerzas soberanas Es tiempo de disolver la lava con sollozo la llama que me quema en mi llama bebiendo volviendo a nacer existiendo sola amando sólo a una golondrina Así y de otra forma la Primavera es incompleta si no la alegran los demás Aunque la llevo con deseo cielo con espera un mar Es tiempo de hacer abstención Con caballo alado volver a otra estrella brillantísima Otra existencia continúa enteramente en la luz soñando con el Primer cielo

VALIOSOS SON LOS LAGOS
EN LAS HABITACIONES

Un lago viaja por las habitaciones
hincha los suelos
entra corrompe los cimientos
En los techos de madera la lluvia
Transpiran las paredes lágrimas inhabitadas
El lago lava el destilador de culpas
oculta gritos que ahogaron
alimenta salas de desinfecciones
se vuelve nieve en escenas de vagabundos
No tienen agua las escenas
valiosos son los lagos en las habitaciones
la nieve en las escenas

LA TIERRA EL MUNDO, UN TEATRO

La tierra el mundo, un teatro
El escenario, irreprochable la acústica,
    soberbia
los asientos en la platea en el balcón, cuidados
nosotros, espectadores y actores a la vez
Qué pena que no podamos mirarnos
a los ojos si nos mirásemos al espejo
veríamos aprenderíamos mucho
El productor, desconocido
el director se esconde tras mascarillas
Marionetas, nosotros nos movemos
bajo su mano quizás involuntariamente
Para todos nosotros según parece
el teatro de muñecos es más cómodo más fácil
La tierra y el mundo, un teatro

SECAS GOTAS DE LLUVIA

Secas gotas de lluvia en la tierra
pinturas de sueños sin pisar aún
fresco recuerdo de frescor en la palma de la
    mano
hundimiento de un niño inocente en la pila de
    bautismo
a veces en los riachuelos corre agua limpia
excavábamos nos mirábamos bebíamos con el
    puño
y después lavábamos el rostro sudoroso
con la mano húmeda mojábamos el cuello
a veces hablábamos de bosques vírgenes
soñábamos

TODOS NOS HUNDIMOS ASUSTADOS

Un río corría antiguamente por aquí
ahora un fuerte viento enloquece
Se pega sobre nosotros en la ropa en la piel
entra en nuestros ojos
Avanzamos con los ojos cerrados
la arena nos cubre de oscuridad
Se hunde quien va de frente
todos nos hundimos asustados
ante su inexorable flujo
El aire lo barre todo sin piedad
cuando enloquece
Sólo los muertos yacen inmutables
No les importa la arena enloquecida
qué tenían y qué perdieron entonces los muertos
Se hunde quien va de frente
todos nos hundimos asustados

JUGAREMOS A LA GUERRA

Sólo los muertos han visto el fin de la guerra.
McArthur

Jugaremos a la guerra dijeron
Niños que desde muy temprano se habían
    despojado de la inocencia
Vosotros, combatientes, guerra también
Nosotros, incitadores de la derrota de las
    garzas y los coleópteros
Vosotros, corzas despedazadas, habríais visto
    el fin de la guerra
Nosotros perdidos exterminadores de corzas
Temibles desolladores pisoteadores de lugares
    asentados
Venderemos el terror de la guerra con lágrimas
    de cocodrilo
Lo repartiremos en caras ventanas

PATRIA MÍA EL AMOR

patria mía el amor
la tierra de nuestras lágrimas
palabras antiguas, mis palabras
palabras que me evidenciaron el mundo
murmullos ininteligibles en el lamento de la
        madre
lugares que me ataron a sus cavidades
consolidadas en mí me definen
patria mía el Sol
la lluvia los árboles las montañas
hondas raíces antiquísimas
la tierra que piso sólidamente
la tierra que me tragará
patria mía, el mundo
patria mía, el amor

TODO CALLA
ENSORDECEDORAMENTE
SUENA ININTELIGIBLEMENTE
(2020)

SÚPLICA

Por los bosques asombrosos que arden
   estupefactos
Por los lobos de madera con ojos de cristal
Por la ceniza que se apaga al paso del nómada
Por el cisne que se ahoga en el lodo del lago
Por el hombre que llora en Esclavitudes
Por las bocas deformes insaciables de bulimia
Por mí que me envuelvo insensible en mi
   capullo
Por los días sin gloria de la oscuridad
   anárquica

Por la muchacha intemporal cuando es rosa
   inmarcesible

ECOS DE ANTIGUA PLEGARIA

¡Salve, día luminoso, luz del Sol enviada
por Dios!»
EURÍPIDES, *Ifigenia en Áulide*

Una muchacha una Ifigenia
mirada apagada ropa destrozada
—vestida también por otros cuerpecitos—
en cadena clavada de indigencia
equilibra en hielos rayados
Alrededor se erigieron altares; tiene miedo
los ojos sin cuerpo aletean
canta palabras desacostumbradas
ecos de una plegaria antigua
¡Sol!, ¡sal, Sol! ¡Sol! ¡Sal, Sol! ¡S...

SE BUSCA HACEDOR DE LLUVIA

Los cabreros se intercambian
El rebaño queda sediento
Las cabras, cabras no lobos o corderos
El agua, agüita, la sed, sed

Se busca hacedor de lluvia

MAYO

Mayo nos encantaba a orillas del Estrimón
Mayo que nos coronabas con manzanilla y
malva
Mayo que nos movías con el viento en los
olmos
Mayo amor de niña que jugabas a escondidas
en las espigas
Mayo a quien la madre trenzaba los cabellos
en el umbral
Mayo estandartes rojos en Drottninggatan y
en Slottsbacken
Mayo negro caballo que hiciste sangre a
nuestra más delicada amapola

Calles de Upsala donde se realizan
manifestaciones obreras

64

EN SOSPECHA

Hay un mármol en la luz pero su cabeza está en la oscuridad.
YORGOS SEFERIS, *La luz.*

Vivimos sospecha de contacto con animales
    domésticos
Sospecha de roce en su suave pelo
Sospecha de fauna con palomas salvajes
Sospecha de flora con geranios en la maceta
Sospecha de compasión en el mendigo de la
    calle
Sospecha de aliento en caldera que hierve
Sospecha de comunidad en redes impersonales
Sospecha de existencia en ventanas vulgares
Sospecha de realización en el espejo de
    Narciso
Sospecha de esperanza en el espíritu del otro
    invisible
Sospecha de huida en planetas indecentes
Sospecha de luz en el cierre de los párpados
Pasamos la vida en sospecha

AGUA FRESCA

Es tiempo de que la ética natural de la realización de la perfección dé lugar a la ética más exigente de la responsabilidad.
Hans Jonas, *El principio de la responsabilidad*

Un mar sediento está tranquilo en mi interior
algunas veces trae tormentas de ensueño
Hincha olas, llega hasta la superficie
Toca mi máscara seca
se transforma en riachuelo
Me sumerjo mojo el rostro el cuello
me lavo me miro al espejo
escucho con atención un antiguo murmullo
De pronto despierto me lanzo asustada
migajas secadas
se borran los rostros subcutáneos de todos
Suenan sordos murmullos salmos imaginarios
las palabras deliran señales variables
Como lagartos nos arrastramos srrrrrrr
procesión interminable de hormigas en bajada
    de miles
¿En verdad se endeuda la procesión?
¿Sólo se vende el agua?
¿Cabe la fuente en una botella de plástico?
¿Quiénes beben la lluvia?

Y ¿cómo se secan las nubes?
Ai—Lía dicen se hundió
nubes sus profecías fábulas
Las Nereidas, sueño, Nerea, invisible
Renacuajos dan vueltas cisternas secas
fósiles de dinosaurios tenemos sed de AGUA
    FRESCA

Una ballena irritada me habita además
se comprime la lleva la ola residuos petróleos
    metales pesados
Cuenta con desesperación hendiduras en
    montes de hielo
ruge bilis los plaguicidas

Una ballena irritada me habita además

PIEDRAS PESADAS

Por aquellos que herí
Que traicioné
Que abandoné en un momento difícil
Lo siento mucho
A los borrados
A cuantos desde mi jardín
Desenraicé como violenta ferocidad
—duro e inmaduro, diréis
tanto para mí como para ellos
y doloroso pero inevitable—
como piedras pesadas por siempre
los llevo en el pecho dentro de mí

MUÑECAS

Muñecas que sólo tienen ojos
estigmas imperceptibles ambivalentes
me gustan mucho
Unas veces se entristecen otras se ríen
según las mires
Cuando ríes ríen
cuando lloras lloran
Quisiera tener una así
para compartir la tristeza

y cuando gusto de la alegría
multiplicarla

ME LLAMAN EVA
(2023)

qué soy
círculo eterno
algo oval o nada
cómo brilla inmaterial mi
tejido imagen espejo o reflejo
vengo o voy Poniente o Siroco rompo
el caparazón de la cripta presecular salgo
con ímpetu mido los horizontes trenzo trenzas
de prodigios en Afroditas invisibles tiro de las
hendiduras petrificadas luciérnagas riego secas
estepas me esparzo como espuma de la euforia
emerjo como arcoíris bebo el caos tecnologizo
clorofila broto en líquidos desagües riego
gametos con esperma hasta que me reciba
entrañablemente en su matriz de profundo
seno formo fonemas coso en los hombros alas
de libélula me precipito como Ícaro me hundo
en mares de seguridades busco perlas en los
labios de Inmaculada concha cuando como
nenúfar en el lago del olvido atravieso
vapor niebla en el espacio tiempo
aliento de estrellas inagotable
azul resplandor
de galaxia

ME LLAMAN EVA

Me llaman Eva y soy mitad
—trozo de su lado además—
Me llamaron elemento indisciplinado
Comí la cabeza de la serpiente uróboros
Él, su cola
Adán, la manzana
Después el mundo vino a lo suyo
Inventaron interesantes conceptos
Infección injuria fraude expulsión
Lo ungimos juez lo acostumbramos a robar a
    la pareja
Determinamos culpable al deseo íntimo
Se me asignó personificarlo
Lo recordaba mi teta izquierda el temblor de
    las nalgas
Aquel hoyuelo en mi cuello
Perdimos las marcas sinceras seguramente
Sin embargo ganamos en la búsqueda
Cómo resistirían de otra manera tal tedio tal
    cumplimiento
Lo más interesante sin embargo sucede por las
    noches

Cuando el instante se transforma en árbol
    perenne
Entonces consagrada me inclino ante él
Salgo de mí
Me vuelvo ala de Ícaro me disuelvo en el
    pecho del hombre

Y piensa que todos ellos han salido de mi
    matriz
Y el primer creado Abel y Caín y los dioses y
    los demonios

LA SETA DE HIROSHIMA

en la palma de mi mano germinó la seta de
   Hiroshima
cuando sopla el aire enloquecido me ahoga la
   nube
polvo tóxico atasca los hocicos heridos
se pega a la piel devora órganos vitales
aumenta continuamente se transforma en
   buitre

busco en la ceniza mi nombre real
antes de que me devore la fiera
anida en mí

por las noches escucho voces
niños sin cuerpo chillan desesperadamente
dan vueltas sombras de niños chamuscados
voy a irme me siguen corro corren tras mí
en las oscuridades piso cadáveres calcinados

vuelvo con mis espejos rotos
planto árboles en los museos del mundo
Tokio Berlín Nueva York Estocolmo
   Tesalónica

Alepo Jerusalén Mariúpol
La guerra lluvia amarilla necrosa los bosques
incito a deambulantes insospechados
a colgar un deseo en las ramas para que
    florezcan

lleno con guisantes de colores por doquier
la compulsión particular me dicen
pero algo debo hacer
se necesita alguien que encale los restos

ÍNDICE

ÍNDICE

EL CAMINO
(2006)

El camino_____9

El autobús_____11

Estrellas fugaces_____12

Como si vistiese tu mirada_____13

Compañeros_____14

Enajenación_____15

Me cansé_____16

Sin pañuelo_____17

Calma_____18

Fuente de vida_____19

ALFABETO SENTIMENTAL
(2009)

Vocales y consonantes_____23

Risa_____24
La ese interesante_____25
Universo_____26

CORREDORES
(2015)

Corredores_____29
No preguntes_____33
Vine del río_____34
Vine otra vez del río_____35
La fotografía_____36
Perdí_____37
Ahora que rompimos los espejos_____38
Vino inesperadamente_____39
Consuelo_____40

DISMINUYEN LAS PALABRAS
(2017)

Conchas_____43
Árboles desenraizados_____44
Mañana_____45

Palabras desconocidas_____46
Me convertí en un bolso casa patria_____47
Pero eran de los afortunados_____ _____48
Disminuyen las palabras_____49
Refugiados_____50
Perséfone – Marginal Man_____51
Valiosos son los lagos en las habitaciones_____52
La tierra el mundo, un teatro_____53
Secas gotas de lluvia_____54
Todos nos hundimos asustados_____55
Jugaremos a la guerra_____56
Patria mía el amor_____57

TODO CALLA
ENSORDECEDORAMENTE
SUENA ININTELIGIBLEMENTE
(2020)

Súplica_____61
Ecos de antigua plegaria_____62
Se busca hacedor de lluvia_____63
Mayo_____64

En sospecha_____65
Agua fresca_____66
Piedras pesadas_____68
Muñecas_____69

ME LLAMAN EVA
(2023)

Me llaman Eva_____74
La seta de Hiroshima_____76

Títulos publicados en la colección
EL ÁRBOL DE LA LUZ
ΤΟ ΦΩΤΟΔΕΝΤΡΟ

1.	*Tinta, la luz*	Stavros Guirgenis
2.	*Mitos menores*	Stelios Karayanis
3.	*Los caminos de Faittós*	Xanthos Maidás
4.	*Acepciones de la mirada*	Iró Nikopulu
5.	*Sinfonía insonora*	Melita Toka-Karajaliu
6.	*El piloto del infinito*	Tolis Nikiforu
7.	*Antígona siempre olvida algo cuando se va*	Cloe Kutsubeli
8.	*Mi patria temerosa*	Yorgos Markópulos
9.	*Cuerpo a Cuerpo*	Sotirios Pastakas
10.	*Sonido de bronce*	Kostís Nikolakis
11.	*Salamanca y otros poemas*	Vasilis Laliotis
12.	*Servidor autodesterrado*	Andreas Yeorgalidis
13.	*Aqueronte*	Vanguelis Tasiópulos
14.	*Amor en los parajes de Olimpia*	Ilías Gris
15.	*Lo que queda*	Antonis Fostieris
16.	*Biografía poética*	Tasos Falkos
17.	*Todo es camino*	Yanis Tzanetakis
18.	*Corales del silencio*	Leónidas Galazis
19.	*Espionaje del Tiempo*	Antonis D. Skiathás
20.	*Escriba de la epopeya natural*	Ilías Kefalas
21.	*Menos uno*	Dimitris P. Kraniotis
22.	*La carne de lo provisional*	Petros Golítsis
23.	*Agenda de la mala salud*	Dímitra Jristodulu
24.	*Siempre llueve en la cabeza del perro*	Dimitris Angelís
25.	*Azul oscuro de la noche*	Iulita Iliopulu

26.	*Voz de la piedra*	Alekos E. Florakis
27.	*Veinticinco oraciones*	Constantino Buras
28.	*En mi barro los labios*	Dimitris Papaconstantinu
29.	*Poemas de septiembre*	Dinos Siotis
30.	*Emigro con una vocal*	Panayiotis Nikolaídis
31.	*Cómo morderás un árbol*	Elsa Korneti
32.	*Imperio*	Yorgos Blanas
33.	*La arboricultora*	Dímitra Kuvata
34.	*En el exilio de la lengua*	Pantelís Bukalas
35.	*Murmullo*	Liana Sakellíu
36.	*El desvelo en mi interior*	Kostas Lántavos
37.	*El cuerpo sufriente*	Kostas Guliamos
38.	*Cielo abierto*	Yorgos Moleskis
39.	*Hélice de un helicóptero fantástico*	Mijalis Papadópulos
40.	*Migajas*	Yorgos Jristodulidis
41.	*Y otra poesía, 2*	Yorgos Veis
42.	*Florilegio*	Yorgos Duatzís
43.	*La miel del tiempo*	Thodorís Sarinkiolis
44.	*Los límites del silencio*	Yorgos Kentrotís
45.	*Las uñas del gallo*	Yorgos Kalozois
46.	*Desertores del tiempo*	Yanis I. Papás
47.	*Icor*	Yorgos Ruskas
48.	*El espejo de Proteo*	Yanis Yfantís
49.	*Los poemas*	Nikos Orfanidis
50.	*La generación de 1930*	Varios autores
51.	*Cosechas*	Nikos Mylópulos
52.	*Mesa para el extranjero*	Spyros L. Vrettós
53.	*Los hijos de Eva*	Déspina Kaitatizí- Juliumi